ALMA

GEORGETTE LEBLANC

ALMA

poèmes

PERCE-NEIGE

Œuvre en page couverture : François Gaudet, *Arcadie* (détail), 51 x 81 cm, acrylique et métal
    sur toile, 2006.
Conception graphique : Paul J. Bourque.

Catalogage avant publication de Bibliothèque et Archives Canada

LeBlanc, Georgette, 1977 –
    Alma : poèmes / Georgette LeBlanc.

(Collection Poésie)
ISBN 978-2-922992-41-0

    I. Titre.

PS8623.E3422A85 2007   C841'.6   C2007-906674-7

Distribution en librairie
Au Québec
Diffusion Prologue
1650, boulevard Lionel-Bertrand
Boisbriand (Qc) J7E 4H4
Tél. : (450) 434-0306/1-800-363-2864
Téléc. : (450) 434-2627/1-800-361-8088

En Europe
Diffusion du Nouveau Monde (DNM)
30, rue Gay-Lussac
75005 Paris (France)
Tél. : (01) 43 54 49 02
Téléc. : (01) 43 54 39 15

Ailleurs au Canada et dans le monde
Les Éditions Perce-Neige
22-140, rue Botsford
Moncton (N.-B.)
E1C 4X4 Canada
perceneige.recf.ca
perceneige@nb.aibn.com
Tél. : (506) 383-4446
Téléc. : (506) 857-2064

Le Conseil des Arts | The Canada Council
DU CANADA | FOR THE ARTS
DEPUIS 1957 | SINCE 1957

La production des Éditions Perce-Neige est rendue possible grâce à la contribution
financière du Conseil des Arts du Canada et de la Direction du développement des arts
du Nouveau-Brunswick.

Ce livre est conforme à la nouvelle orthographe.
www.orthographe-recommandee.info

peronté sur peronté sur peronté
REBECCA ANN BEGNAUD

have mercy
BIG MAMA THORNTON

ça en prend de tous les modes
BETTY DUGAS

Prologue

la brume a point de saison
elle apparait comme un drap épais
la nuit comme le jour
l'hiver comme l'été
de la brume c'est point de la laine
c'est point de la neige
c'est même point un mur
c'est des milliers de petits nuages de pluie
des nuages de pixels qui dansont
sans *map*
sans identité
c'est point la brume qui sait qui ce qu'elle est
pis ça l'inquiète point

mais il y a de-quoi dans sa présence
elle nous habille
elle marque un territoire qu'ej reconnaissons pus
dans un silence qui mire la noirceur
mais qui y arrivera jamais
dans un silence qui ralentit

quand ce qu'elle arrive
c'est parce qu'il y avait trop de soleil
parce qu'il faisait trop beau
parce que les goélands sont affamés
parce qu'il y a trop de touristes à la côte
parce que le corps nu menace

mais c'est point de sa faute
c'est même point une faute si elle arrive comme ça
sans raison
en silence

son arrivée est plus douce que l'église
c'est point un dimanche rancunier
c'est point la conscience qui l'emmène là
elle est point motivée par une envie de guerre ni de sang
c'est sa nature qui la force
elle avance et grouille tranquille
comme si elle était à sa place partout

le jour après le passage de la brume
le village voit des traces
une *skirt* laissée dans un parc
une *car* laissée dans un *driveway*
trois bouteilles de rhum vides sur un pavé
une femme qui voit croche
pis le village braque
de la pitchetrie
des petites *pitchs*

selon les mois
selon l'épaisseur de la brume
les traces comme des paumes *landont* dans les goules de cuir
et personne joue vraiment pour gagner
c'est rinqu'une *game*

c'est à cause de la brume qu'ils alliont point reconnaitre l'Antercri
il arriverait un soir épais
un ange pris sur la terre
ni fantôme ni personne
à moitié chemin
à moitié vie

l'Antercri arriverait dans la nuit d'une brume épaisse
ses bottes noires cirées
sa moustache noire cirée
ses beaux mots cirés
l'Antercri serait la *game* de baseball dans une *pitch*
la première et la dernière *pitch* dans une *move*
le village saurait pus quoi dire
pis c'était ça le problème

François le Premier s'en fut dans le bois avec sa famille
ceux-là qui vouliont perdre leur langue
pourriont rester à la côte
il fut s'installer dans le fi fin fond du bois
où ce qu'il était sûr que la brume l'attraperait point
il croyait qu'il allait se rendre en temps
mais la *joke* était su' lui
ça que François le Premier savait point
c'est que l'Antercri comme la peur
est la seule affaire qui va te suivre quand ce que tu te sauves
l'Antercri était dans le bois itou
l'Antercri était partout

François le Premier guettait un homme grand
déjà fait déjà mâle
mais l'Antercri c'était point un homme
c'était même point tout à fait un rêve
l'Antercri c'était la promesse
c'était le braquement du désir
de vouloir attraper de-quoi qui s'attrape point

la naissance d'Alma fut tendre
elle sortit de sa mère d'écorce
et ses bras et ses mains et ses pieds
arrêtiont point de nager
comme une picogie

sa mère Françoise la Première la nommit Alma
à cause de ses yeux qui dévaliont creux dans toi
à cause du souvenir de de-quoi de loin tout d'un coup
Alma
à cause du printemps et de la lumière des pissenlits
à cause qu'elle sentit monter de-quoi
qu'elle pouvait point nommer
ça qui montait faisait fondre la glace
faisait mourir une miette
parce dans la petite goule de la petite fille
son lait coulait comme de la sève

l'autre ils l'appelirent Pierrot
à cause que lui itou avait réveillé de-quoi dans sa mère
réveillé l'espoir qu'astheure quelqu'un l'aimerait
astheure une face la regarderait sans hucher
sans fermer les portes
sans cacher tout ça qu'il y avait de précieux dans le monde
Pierrot huchait point
il luisait comme le quartz
comme la lumière de la première neige
dans sa voix douce de sherry
la mère tenait son petit
un clair de lune dans ses bras de ténèbres
un clair de lune dans un logis sans étoiles

le village du bois se rendit compte
que la petite Alma et le petit Pierrot
avient été nés le même jour
mais au bois les traces avient point
la même importance qu'à la côte
on se croyait solide au bois
on se croyait clair comme l'eau de roche
c'est pour ça que personne prit trop effet

le lendemain de la première gelée du printemps
l'Alma verte et le Pierrot de quartz
commencirent leur petit train
Alma chantait avant de parler
elle roulait les mots dans sa goule comme du *candy*
elle entendait les ruisseaux du logis
Pierrot lui riait mais pour faire rire les autres
il avait point vraiment d'envie de rire
si Pierrot riait c'était pour faire les autres oublier
les faire oublier qu'ils avient arrêté de rire
qu'ils avient peut-être jamais ri du tout

Première partie

LE REEL À HUIT

les noces d'enfants

le bébé Jésus voit ma belle robe blanche du ciel
il voit mes mains jointes
il voit comment ce qu'ej me tiens droite
dans mes petits souliers
il voit mon sourire pis cti-là de ma mère
pis cti-là de ma grand-mère
pis il sait que chus une bonne petite fille
il voit qu'ej veux point lui faire de la peine
pis qu'ej fais de mon mieux pour faire comme lui

mais il peut-ti voir la sueur dans mes paumes
il peut-ti voir mes pieds dessous le banc d'église
qui faisont des patrons dans l'air
il peut-ti voir de-quoi dans mon cœur et ma peau
qui veut s'assire à côté de Pierrot
il peut-ti voir que dans ma tête
c'est point lui qu'ej marie
c'est Pierrot

dehors

il y a point deux prusses pareils
à la côte ils poussont tordus
comme des vieux ou des malades
leurs bras et leurs doigts comme une neuve symétrie

c'est la religion des saisons qui fait ça
on leur donne des noms mais chaque hiver a sa tempête
des neuves morts
des neufs mals
chaque printemps sa façon de braquer

ancrés à la terre
les prusses vivont les humeurs du vent et du sel
ils changeont pour le nord ou pour le sud
sans changer de place ni vraiment d'attitude

l'attitude c'est ça qui fait la différence entre les prusses
c'est ça qui fait qu'on veut jouer
sous un prusse pis point l'autre
ils avont tout chaque leur attitude
leur manière d'affronter le vent
pis c'est ça
la manière d'affronter le vent
sa misère et sa tendresse
qui nous attire sous un pis point l'autre

l'attitude c'est la différence
entre la voix de ma mère
et celle-là de la Vieille d'à côté

une voix qui se laisse emporter
et une voix qu'a peur du vent

deux pieds de neige

quand ce qu'ej marchons à l'école
ej quittons avant que le soleil se lève
dans la noirceur du matin
ej sortons dans deux pieds de neige
pis le frette grimpe sec

il y a des distances dans le bois
parce qu'il y a de la place pour des distances
des milles de point de train

dans cte distance-là j'entendons
les cloches du cheval à Pierrot

ej le vois clair comme l'eau de roche
slider sur les champs de neige comme un nuage
ses yeux d'amande sur son *magic carpet*

un jour j'apprendrai à vòler moi itou

la *spelling bee*

une *spelling bee*
c'est une affaire pour savoir
si ej pouvons coller des lettres ensemble
comme il faut

comme il faut
ça veut dire comme dans les livres
dans les logis du monde important

les autres apprenont les mots par cœur
parce qu'ils avont peur de les oublier
mais moi ej connais l'origine des mots

la maitresse commande *fleur*
pis ma tête braque à *buzzer*
ej me perds dans un champ de pissenlits
les premières fleurs de serpent
la rosée d'hier matin
le train du bois qui se fait chacoter
Mississippi
des vallées de misère
trop de vase pour continuer
la sueur brune des roches bourdées
la parenté aux mecôques
ej me promène d'une lettre à l'autre
jusqu'à temps que ça colle
jusqu'à temps que sur ma langue
j'aie le gout du sucre

Pierrot dit qu'ej parais à moitié endormie
ma goule se rouvre collouse une miette
et le mot sort tout aisé

j'ai point dit mon secret à personne encore
mais Pierrot hier m'a appelée
ruche

recess

à la _recess_ c'est tout le temps moi contre Pierrot
les filles contre les gars pour les meilleures _marbles_

les filles me choisissont pour leur porte-parole
pis les gars Pierrot
parce qu'il sait comment faire le carnassier

c'est bon de même
des _games_ c'est rinqu'une excuse
pour mieux voir son adversaire

il faut se tenir proche pour des _marbles_
proche assez pour s'entendre souffler
proche assez pour bien jouer la _game_
pour gagner

les *tramps*

les *tramps* arrivont dans la boucane de la *train*
une magie noire et épaisse qui reste collée à la peau
deux trois sacs à la *tow*
du butin comme les *rugs* qu'ils vendont
des couleurs qu'ej vois rinque l'automne dans les arbres

ej sais point si c'est leurs chansons de loin
ou leur langue qu'ej comprends point
c'est peut-être une miette la façon
que Mame leur prend garde
sans connaitre leur nom

c'est peut-être leur façon de dormir dans la grange
avec les bêtes
comme des bêtes
on dirait qu'ils avont compris de-quoi
qu'ils savont comme moi
qu'il y a du sucre dans le matelas de foin

c'est peut-être leurs sacs remplis
l'idée qu'ils allont se promener pour sûr

les oncles et les tantes qui quittont
quittont le village le sac vide
leur marteau et leur misère sur l'échine
tout le temps la tête virée
comme si ils vouliont point quitter
mais les *tramps* se promenont de village en village
tout le temps les sacs remplis
comme si la terre entière leur appartenait
comme si leurs racines poussiont partout

aux États

Mame braillait hier soir
elle avait de la misère à le cacher
les murs de notre logis sont trop maigres
pour cacher la misère
son frère va quitter pour les États
le premier de la famille à s'en aller loin de même

aux États
c'est une grande place avec beaucoup de monde
beaucoup de monde qui portont des beaux chapeaux
qui disont *please and thank you*
mon oncle va montrer à ctes Anglais-là
comment bâtir un logis comme il faut
pis ses poches allont se remplir de sucre et de butin rouge
dans le temps que ça va me prendre à passer
mon quatrième livre
pis ça, ça prendra point longtemps
chus déjà rendue à mon deuxième
pis j'ai point de misère à lire

mais Mame avait peur hier soir
une tempête sortait de son corps
ça sonnait quasiment pus comme elle

ej m'ai levée tôt à matin pour faire sûr
que c'était encore la même femme
elle était là
en train de chauffer le lait, faire le pain
dans le mitan de la chaleur comme d'accoutume
mais différente

des fois brailler c'est comme l'automne
ça scoue les arbres

ej voulais lui dire
que le printemps s'en vient

an Englishman's heart

l'été est fini quand ce que les patates braquont à sortir
la famille se raguerne dehors
ej pouvons quasiment gouter la chaleur de la râpure

de la râpure c'est comme une couverte de flanelette
dans ton ventre
mieux qu'une couverte de soupe
les Étrangers avont de la misère avec la râpure
parce qu'ils la reconnaissont point
comme qu'ils reconnaissont point les mecôques
ils avont de la misère à accepter la terre des deux saisons
qui vient jamais tout à fait dure ni tout à fait frette
ils avont point de mots pour la nommer
ils ricassont
what is that curious dish ?
ou bien les Soutanes Noires
« nous ne mangeons pas de pareilles choses »

le vieux Walsh dit que les Irlandais aimont la râpure
ils savont itou comment nommer les mecôques
ils sont à l'aise avec une terre qui grouille

c'est des affaires de même qui me viront dans la tête
mes frères et sœurs en train de se pencher l'échine
en train de chanter
ma mère et moi en train de pelurer

c'est trop beau pour ruiner
ils chantont pis nous autres ej chantons itou
ma mère a des chansons dans ses manches, dans ses pieds
ça sort de partout

mais cte récolte-icitte
ma mère et moi ej chantons plus fort que d'accoutume

ej chantons pour point que les petits preniont effet

que cte saison-icitte ej pelurons des cancers
qu'ej tranchons la cendre anglaise

confession 1

ej veux aller aux États moi itou
ej veux suivre les *tramps* jusqu'au bout du monde
pis revenir pour dire à ma mère
qu'il fait point peur dehors

les chemins de derrière

ej prenons tous le même chemin
pour s'en retourner de l'école
les gars derrière, les filles devant
deux bancs de poissons dans une rivière sec

les filles s'amusont à faire les innocentes
grimpont des pissenlits en chemin
et faisont sauter leur tête
mama had a baby and her head popped off

pis les gars sont à l'aise avec ça
un bibi avec point de tête c'est point un bibi qui braille
c'est rinqu'une idée qui laisse une trace sur le chemin
des petites têtes dorées éparées
ça fait leur marche moins dure

moi ej garde mes bibis pour moi
Pierrot parait à l'aise avec ça

ej grimpe mes fleurs sauvages
il continue à suivre

directions

dans la nuit il me dit
que si ej suivions le grand chemin
ej pourrions nous rendre jusqu'à la Chine
pis que si j'étions en Chine
j'aurions point besoin
de penser aux Dames de Lilas
ou aux Soutanes Noires
ej pourrions rinque souffler
danser en paix
mais c'est point les Dames de Lilas
ni même les Soutanes Noires
qui me faisont peur
qui m'arrêtont d'y prendre la main en plein jour
comme qu'il voudrait lui
lui, il prendrait ma main, mon cou
la cheville de mon pied
n'importe où, n'importe quand
si ej le laissais faire
mais ej le laisse point
à cause de ma propre famille
ma famille croit point dans les roches précieuses
mon père est sûr de son affaire
le bon Dieu a inventé les roches
pour faire souffrir les Français
pour voir combien forts qu'ej sons
les roches sont des croix, des fléaux
un mal d'échine qui *slack* point
mais point de-quoi de précieux
le précieux est rinque dans le ciel

sur terre de-quoi de précieux c'est bien dormir le soir
c'est savoir qu'il y aura assez à manger pour la famille
c'est trouver son chemin dans la brume épaisse du soir

c'est la voix de mon père qui m'arrête
mon cher Pierrot de quartz le *suit* point
un enfant unique c'est un enfant gâté
pis un enfant gâté fait point un bon homme
point de différence s'il sait comment se rendre en Chine
ou au cœur de la Terre

mais ej dis point ça à mon Pierrot
ej crois peut-être mon père une miette
ej dis point ça à mon cher Pierrot
parce que des fois des mots parlés
sont forts assez pour effacer
tout ça qu'on aime

tramper

dans la nuit du soir
flotte une musique qu'appartient point à la Baie
au goémon ou aux prusses

ej me colle la face à la vitre frette
comme un *bot* qui se chavire

pis ça m'emmène dehors dans l'herbe trempe
mon petit corps attiré à la chaleur de sable
qui déborde de la grange
à la chaleur des bras, des pieds, des jambes
des gorges remplies de violon et de guitare

j'écoute avec tout mon corps
comme si toute ma vie j'avais su
que c'est de même qu'un corps devrait grouiller

l'enterrement de la petite

le père rentre au logis pour expliquer à mon père
c'est tranquille dans la *pantry*
c'est tranquille dans le monde

ej montons dans notre chambre
ça prend une belle robe pour un enterrement
une robe de n'oncle Antoine
des États

les *tramps* sont assemblés en cercle autour d'un petit trou
dans le petit trou il y a une petite boite
point plus grande qu'un merle
point plus grande qu'une petite fille

les *tramps* sont habillés dans leurs couleurs
la magie noire collée à la peau
ma famille blanche comme un mur de nuages
en dehors du cercle
comme si faulait point trop s'approcher
mais chus trop proche de leurs corps
pour rester dans le ciel
ej sors mon *scarf* rouge de ma paume
et ej l'amarre autour de mon cou
ej prends un pas de l'avant et des mains
me grimpont de chaque bord

comme de l'électricité
j'éclairons la petite pour la dernière fois
bien nigée dans son dernier nid

elle dormira bien
elle a bien dansé

manqué

au bois il y a rinque trois sources de sucre :
les *shipments* de mélasse des Iles
la sève des érables
les lèvres de Pierrot

mais t'as beau sucer le tronc d'un érable
le sucre vient rinque si tu perces la chair
et les lèvres à Pierrot, bien c'est rinque moi qu'en a le droit

mais il y a beaucoup de filles dans le bois
pis elles voulont chaque de-quoi se sucrer le bec
c'est pour ça qu'on se raguerne une *gang* pour faire du *fudge*

la soirée braque avec Marie-Marthe
qui se prosterne comme sœur Bernadette
pour nous prêcher que le sucre
amène rinque le mauvais temps pis le démon
Catherine rit tout le temps aux éclats
qui nous fait rire encore plus fort
Isabelle raconte son histoire qui finit tout le temps mal
pis moi ej brasse mon *fudge*

ej continue à brasser
ça vire en vase, une belle terre de printemps dans mon *pot*
de petits bouts de vitre cassée
d'étoiles écartées
ej les regarde virer en rond
pis ej me rends compte que c'est moi qui les fais virer
c'est moi qui les perds et les enterre dans la vase
pis ej sais qu'il y a une leçon dans cte mouvement-icitte

mais j'ai jamais été bonne à calculer
j'ai jamais été bonne avec ça que les autres appelont
faire de la suite
Mais, Alma – fait voir une miette de suite
ej regarde les étoiles virer en rond
ej regarde ma main pis tout à coup elle est comme fatiguée
blanche comme le quartz
les rivières de mes veines exposées et sans souffle
une vieillesse tout d'un coup
j'ai mal aux os

et le *fudge* veut point prendre
j'aurons point de sucre de soir
ej pourrons rinque rêver

ej me rends compte que pour la première fois
ej vas le manquer

peeping Tom

ej le vois les soirs dans la nuit
ses grands yeux noirs collés dans la vitre

ça fait des semaines

ej l'ai dit à ma mère
mais chaque fois qu'elle se vire de bord
il est *gone*
ma mère dit qu'ej rêve deboute

mais pourquoi ce qu'ej rêverais d'un homme
qui peut point rentrer
d'un homme assoiffé

dans la nuit de mes rêves
ej rêve rinqu'à la plénitude
aux hommes avec le ventre rempli

dans mes rêves
tout le monde a des yeux d'en dedans
des yeux rouverts comme des fanals
qu'éclairont, qui m'invitont
qu'avont déjà leur propre chaleur

les lacs se dégelont

ça prend des semaines pour dégeler les lacs
la nature est comme ça
elle te donne le temps de raguerner ton harias
de paqueter ta fourrure d'hiver

c'est bon comme ça
à cause que le village a besoin de temps pour s'ajuster
une bête à deux pattes a plusse de harias
qu'une bête à quatre
dans les semaines que ça prend
pour dégeler le village de Margo
les *loggeux* avont le temps de retourner à la côte
de reprendre le sel dans l'air

la nature s'arrange pour qu'un homme ait le temps
de changer de logis
sans changer de ménage
naturel
il a point besoin de se justifier

c'est ça qu'arrive quand ce que les lacs dégelont
quand ce que l'eau peut pus se tenir frette et solide
quand ce qu'elle se donne la permission
de déborder

le mois de mai

c'est le mois de Marie
c'est le mois des pluies
c'est le mois de Marie
le mois que se marient les fleurs

La procession défile de l'église bien organisée. Des fanions de toutes les couleurs portont les noms des personnes qui sont favorisées. La procession chante des paroles joyeuses, des paroles qui devriont faire *smiler*. Mais la procession *smile* point. Elle marche du même pas. Elle marche longi. Les femmes avont pus de hanches. Les hommes cachont leurs mains de terre dans leurs manches longues.

Les oiseaux s'excitont point. Ils parlont en même temps que les Soutanes Noires. Les loups et les lapins sont point fous. Ils restont bien cachés dans le bois. Ils aimont point la langue des bêtes à deux pattes.

Les Soutanes Noires portont des belles longues tuniques de soleil.

Comme s'ils vouliont dire de-quoi au ciel.

azalée

j'ai vu ma première fleur de mai
j'ai vu le premier vert du printemps
j'ai saigné partout sur mon beau lit blanc
t'es femme astheure, m'a dit maman
les femmes avont une coupure qui se ferme point
qui reste rouverte et cachée
qu'il faut protéger
comme qu'on protège ceux-là qu'on aime du mal

un homme saigne rinque quand ce qu'il se coupe

Pierrot me raconte
qu'il y a toutes sortes de façons
de faire saigner des bêtes
pis que tuer un cochon c'est la pire manière
c'est la pire manière parce que c'est trop aisé
pesant et engraissé
il sent point la mort qu'approche
il est bien trop accoutumé au monde pour ça
mais les bêtes sauvages
les bêtes dans le bois
il faut s'en approcher tranquille
elles sont point accoutumées à notre présence
elles sentent nos jambes et notre fusil
pis c'est ça la beauté de l'affaire, me raconte Pierrot
c'est malaisé, tuer une bête qui veut point se faire tuer
ça prend un certain montant d'intelligence
de patience et surtout
point parler

berceuse

raccommoder raccommoder
ej m'endors la nuit à raccommoder
des bas et des bas et des mitaines
de la laine pour l'hiver qui s'en vient
la nuit claire dehors et le temps doux
ej danserons aisé demain
mais pour astheure ej m'endors la nuit
à boucher les trous
à saigner dans mon petit lit

recess

Cerita dit qu'elle ira point au couvent
son père a dit que des livres c'est rinque bon pour rêver
qu'un livre va point couper le bois ou faire à manger
que les livres allont point lui apprendre
comment aimer ses enfants pis un homme

Nathalie rit de bon cœur parce qu'elle s'en va au couvent
elle va apprendre les secrets des Soutanes Noires
elle sera une Dame de Lilas
importante
c'est décidé

elle rit de bon cœur
parce qu'elle voit point le cœur de Cerita braquer
à mourir

moi ej le vois
Cerita est déjà grise une miette
pris' sous la pesanteur de trois tonnes de laine
sous les cris d'un homme mort trop jeune
dans un logis gelé
craqué

au reel à huit

Le reel à huit braque tard dans la nuit. Dans la cabane cachée au fi fin fond du bois. Alma est en charge. Elle a une manière de hucher. Comme le cri des corbeaux. Elle a ses façons. C'est ses façons qu'appelont les autres à la danse.

Danser, c'est contre la loi au bois. Contre la loi des Soutanes Noires. Ça fait que les jeunes guettont la nuit les jeunes du village pour sortir. Mais les Soutanes Noires pouvont se cacher mieux que les jeunes. Ils disparaissont dans la nuit. Chassont pour les pistes des musiciens comme des loups affamés.

C'est ça qui fait que le cri du corbeau travaille. Il est noir comme leurs soutanes, mais ça qu'il peut faire que les prêtres pouvont point faire, c'est voler.

C'est ça l'avantage de la jeunesse. Voler.

Pis ça travaille toutes les fois. Alma sort la première. Après trois autres cris, elle sait que Théodore sera là avec son violon, Jim avec sa musique à babines et les autres jeunes du village avec leurs souliers à danser. La lumière dans les pieds. Les yeux dans le corps.

Les Soutanes Noires pis les Dames de Lilas appelont ça pécher.

La jeunesse appelle ça communier.

snarer la perdrix

Pierrot me donne un autre secret tout doux dans l'oreille

pour *snarer* des perdrix il faut les rassembler dans une *gang*
on amarre un câble à un arbre
pis on guette les perdrix comme qu'on guette un reel à huit

les perdrix avont une façon de se rassembler dans un cercle
comme la musique nos corps
et dans les dernières notes de la ronde
le câble se raidit sec

tu devrais voir ça, Alma
toute cte couleur-là dans un tas chaud
tu devrais voir ça
j'ai faim rinqu'à y penser

patrons

quand ce qu'elle dansait
Alma imaginait qu'elle était la seule dans la chambre
avec son Pierrot
le clair de lune et le violon

c'était ses mains qui la faisiont aller
la manière qu'il avait de coller
toute sa paume contre la sienne
la manière qu'il avait de rester sur son corps plus longtemps

c'était ça la vraie mesure de son Pierrot
il avait une manière de grouiller
comme si le temps lui appartenait
comme si la mélodie était là pour l'accompagner lui

**la différence entre *snarer*
et des chiens qu'attaquont l'orignal**

Pierrot me dit que la différence
entre la *snare* pis un chien c'est point le sang
dans les deux cas la bête va saigner
va mourir

la différence c'est que c'est plus excitant
de voir le chien sauter
grimper dans la face de l'orignal
de voir deux bêtes se déchirer la peau
comme si elles aviont compris de-quoi
que nous autres j'avions oublié

la compernure

j'étais la première de ma classe cte semaine
j'ai appris toutes mes leçons par cœur

ma sœur a de la misère à lire
mais moi ej trouve ça comme une *game*

j'essaie d'i expliquer :
c'est comme des roches dans la rivière
tu fais rinque de suivre la phrase comme tu suis les roches
tout le temps un différent patron
mais ça finit par faire de la suite
faut rinque faire confiance aux mots
comme qu'on fait confiance aux roches

elle est point sure de mes histoires

j'ai braqué à écrire des histoires
ej sais point trop ça qu'elles voulont dire encore
mais j'aime de voir mes mains grouiller sur la page
comme si mon corps et ma tête et mes mains
étiont tous manière de la même personne

Mame dit qu'ej chus peut-être une miette folle
mais elle le dit en *smilant*
Pape me dit qu'ej manque de compernure
pis que bien vite il faudra que j'apprenne la vie du monde
il me dit ça point tout à fait enragé ni d'une grosse voix
il me le dit manière
comme j'ai entendu les hommes de la *shop* parler
quand ce qu'un homme mourt

tu peux point tout le temps avoir ça que tu veux, Alma

47

la séparation de la mousse et du quartz

La séparation d'Alma et Pierrot se fit dans le calme de la fin du mois d'aout.

Ils quittirent le bois pour deux côtes différentes. Pierrot pour apprendre la langue des Soutanes Noires. Alma pour apprendre la langue de la misère. Ils alliont pus se voir chaque soir au ras la rivière. Ils pourriont pus se faire des cris de corbeau et de loup au-dessus des prusses. C'était trop loin entre le Collège pis le logis du Capitaine – même si les bâtisses étiont rinque séparées par quelques milles. Ils alliont dans deux différents mondes. Pis ctes mondes-là se touchiont rarement.

Mais ils saviont ça. Alma peut-être plusse que Pierrot. Alma avait l'avantage d'avoir une peau de mousse. Elle pouvait sentir les courants pis l'électricité avant que les autres le voyont dans le ciel. C'est Alma qui disait à Pierrot quand ce que la lune serait couverte assez. C'est Alma qui savait quel signe donner pour faire braquer la musique.

La nuit de la séparation de la mousse et du quartz, Pierrot apportit une bouteille qu'il avait trouvée dans la petite chambre de sa mère.

Il faisait encore chaud dehors, la nuit tiède.

Il avait éparé Alma sur un lit de fleurs sauvages.

Il voulait qu'elle fût confortable pour bien gouter le neuf sucre qu'il avait trouvé.

Il était excité de son sucre. Du brandy.

Il couchit Alma sur son échine.

Il trempit son doigt dans l'ouverture de la bouteille, trempe.

Tu vas être belle, Alma.

Comme les belles femmes de l'Amérique aux babines rouges qui shinont.

Couche-toi bien là pis laisse mon doigt te tracer des babines.

Alma s'enfonçait dans l'herbe trempe, les doigts de Pierrot doux assez, leurs corps comme deux soleils le matin, endormis, parfaits et sans hardes.

Dans l'église de rosée, Alma et Pierrot s'aviont mariés.

quitter

à la côte il fait jamais chaud comme qu'il fait au bois
il y a tout le temps une brise, du vent qui vient de partout
dans les craques des vitres, du nord, du sud
dans la certitude que j'irai jamais, moi
voler avec les corbeaux

Pierrot me dit qu'il trouvera une façon de me sauver
qu'il peut voler
mais rinque la nuit
quand ce que personne regarde
quand ce que le monde est endormi

une servante

une servante a point de chuz-eux
elle plie les hardes des autres
elle cuit les *beans* des autres
elle vide le pissat des autres
elle aime les enfants et l'homme des autres

su' le Capitaine

j'avais pourtant fini mon troisième livre
ej pouvais raconter, compter, j'étais la première de ma classe
n'oncle Adolphe était revenu des États

mais mon père comprenait point mon envie de Chine
il y avait trop de misère et de-quoi à faire pour rêver
les histoires d'Adolphe étiont rinque des histoires
comme l'éducation, les nombres et les *trips*
pis quoi ce qu'était la différence
entre être *nurse* pis être servante ?
les deux preniont garde aux autres

mon père disait que j'étais bonne
avec les vieux et les malades
pis c'était vrai
j'étais bonne avec ceux-là qu'étiont en misère
point parce qu'ej savais comment
nettoyer ou raccommoder mieux que les autres
Isabelle pouvait raguerner le harias du logis
tender trois enfants et faire à souper en même temps
moi ej rêvais trop pour être bonne de même
non
ils me vouliont là à cause qu'ej savais comment
mettre le monde à l'aise

mettre le monde à l'aise, c'est point de la misère
faut rinque se taiser
laisser les autres raconter leurs histoires
leur donner la place pour s'imaginer comme qu'ils voulont
et croire ça qu'ils voulont te faire entendre
c'est tout ce que ça prend

Pape
t'as raison
la différence entre une *nurse* pis une servante
c'est point son travail
c'est la différence entre rester icitte et aller par là
c'est la différence entre écouter et se faire entendre

cher Pierrot

hier soir j'ai rêvé à trois corbeaux

j'étais cti-là au ras la mer
toi cti-là au ras l'église
pis un troisième, plus petit, s'en venait du bois quelque part
comme s'il nous apportait un message
comme s'il avait faim

he loves me... he loves me not

le jour il va s'éduquer avec les grands au Collège
il apprend à parler le latin pis des langues
que rinque le monde important connait
moi ej parle le pissenlit, le corbeau et une miette de goémon
Pierrot dit que ma goule pue

mais j'ai jamais pu bien comprendre les Soutanes Noires
c'est un langage qu'ej vois point
il existe rinque au Collège
dans des chambres avec des grosses portes à clé
dans des chambres où ce que personne ricasse
ou raconte des histoires

Pierrot est sûr de son affaire
mais Pierrot peut pus me dire la différence
entre une pomme de pré pis une gadelle
faut qu'il arrache ses hardes de travail
pour mieux entendre les histoires importantes
ej sens pus le sang de sa peau
il reconnait pus les cris des corbeaux

selon Pierrot
la différence entre la gadelle et la pomme de pré
est point importante
c'est la différence entre une pomme de pré et la canneberge
la différence entre le prusse et le sapin

il me dit ça avec ses yeux noirs d'amande
sérieux comme un moine avec ses neuves manières
c'est encore les mêmes babines, les mêmes doigts
mais il y a de-quoi qu'a changé

les Soutanes Noires avont barré les saisons de mon homme
dans des chambres à clé
quand ce qu'il arrive le vendredi
ej nous assisons sur le billot au ras la rivière à Mack
ej le couvre de fleurs de mai pis de berlicocos

mais il se souvient point
il se souvient pus

neufs mots

les neufs mots de Pierrot sont comme des silences
ils avont un pouvoir sur moi qu'ej peux point expliquer

Pierrot me dit qu'ej pourrons jamais explorer ni la Chine
ni les États ni nulle part sans parler la langue du silence

Alma, tu sais, c'est point de notre faute si ej sons esclaves

c'est point la première fois que j'entends le mot
mais pour la première fois
esclaves
me perce le cœur

ej l'avais jamais trop compris
mais pour la première fois
ej vois sa forme et ses ancêtres
pour la première fois comme par mystère
ej me demande si c'est peut-être point vrai

spitoune

le *crash* est venu sans tempête
sans *warning* de la lune ou du vent
quand ça vient à l'argent
ça vaut point grand-chose regarder le ciel

j'étions peut-être une miette trop saouls itou
j'avions peut-être dansé une miette trop longtemps
on peut rinque virer *so much* avant de tomber

retour de l'exil

les *bots* arrivont des États
et n'oncle Adolphe revient au pays
quand ce que les richesses d'un pays sont pus là
et que le monde a faim et que la terre est sec
les hommes et les femmes commençont à se regarder
comme des bêtes
et l'idée leur vient à la tête de se dévorer

parce que la ville est rinque faite pour la richesse
c'est un cœur qui bat aux veines d'argent
n'oncle Antoine nous raconte ça sans embellissements

j'ai entendu le cœur de Boston mourir
ç'a point pris longtemps
comme si l'argent avait jamais été là
comme s'il y avait rien de vrai du tout

c'est ça la mort
elle nous appartient point

il mouille à boire deboute

la corde à linge est assez pesante
et remplie de hardes trempes
elle peut quasiment pus se tenir deboute
j'ai laissé les hardes sur la ligne arneu

les hardes sur la ligne
la petite à bas
et le ciel se rouvre

ej laisse la petite couchée sur son lit
et cours dehors comme une folle
la mer mouille
ou peut-être que chus en train de brailler

ej reste deboute là
raide comme le poteau
les hardes me coulont le long du corps
me plantont dans la terre

trop de hardes
comme trop de chaleur
noyée mais point assez d'eau pour noyer le ciel

zeitgeist

il y a de-quoi qui change dans l'air
une lumière qu'est point tout à fait la même
au braquement ej croyais
que c'était rinque mon travail de servante
les tonnes de laine noire qu'ej travaillais
ej croyais qu'ej m'enterrais
mais dernièrement c'est comme s'il mouillait tout le temps

et pourtant
rien a vraiment changé
le bois est encore au bois
la Baie est encore sous les *bots*

mais c'est la façon de naviguer qu'est pus la même

le Capitaine racontait hier soir que les temps avont changé
que j'avons jamais été pauvres comme cecitte
que l'autre bord de la mer des hommes importants
avont des idées de guerre

les places où ce qu'ej rêvions d'aller moi pis Pierrot
sont proches astheure
proches assez pour nous faire mal

ej me réveille le matin
prie les étoiles
ma tête vire et mes idées grises finissont pus

confession 2

cte nuit-là Pierrot arrivit tranquille
j'étais derrière la grange dans le bois
dans le mitan de mes rosiers et des fleurs des bois
la nuit était calme
on aurait vraiment dit que de-quoi guettait
de-quoi guettait depuis le premier jour qu'il m'avait parlé

Pierrot avait jamais été comme les autres du village
les hommes du village savont rinque
comment prendre les brides pis décoller
ils s'arrêtont jamais pour te *watcher* aller, non
les hommes du village voulont te mener
mais cti-citte
Pierrot
lui me laissait tout le temps aller devant lui
aussi folle et grande qu'ej pouvais
il me laissait prendre les brides
il riait à m'entendre rire et hucher au ciel
il me laissait faire jusqu'à temps qu'ej crus
que j'étions pus homme et femme
que j'étions un autre mode de bêtes
c'était rare, Pierrot

c'est pour ça que cte nuit-là, douce et tendre
quand ce qu'il me regardit droite dans les yeux
qu'il me dit que les roses
pourriont jamais sentir aussi tendre que ma peau
ej le crus
c'est pour ça que quand ce que ses mains de quartz
levirent ma *skirt* de mousse
comme s'il savait
comment qu'un homme rouvre sa femme mariée
ej dis point un mot

j'avais déjà perdu connaissance une miette
ej volais déjà parmi les corbeaux

Deuxième partie

LA LONGUE *WALTZ*

rentrer dans la *tune*

la brume s'installit cte printemps-là
trois semaines de pluie
le ciel épais comme des murs
la brume s'installit
et personne de la côte ni du bois pouvait voir
ils étiont tout enterrés pour une miette

c'est dans la brume qu'Alma sentit son ventre grouiller
elle avait de la misère à parler
comme s'il y avait de-quoi de pris dans son got
un bibi
dans *son* ventre

la famille d'Alma était point rassurée
la brume était épaisse
des poissons ébarouis
des homards secs
de l'*arborite* et du *rug*
du butin qu'ils reconnaissiont point tout à fait
montait de partout
une musique qu'ils compreniont point
s'installait de partout
elle était douce et faisait danser
mais danser à deux

c'est dans la brume qu'Alma fit sa promesse
devant les Soutanes Noires dans les neufs mots de Pierrot
qu'elle serait fidèle et servante

elle avait un bibi qui poussait dans son ventre
elle voulait croire itou

la grande idée

j'allons faire du pain
c'était ça la grande idée
mais du travail d'homme
c'est point du travail de pâte
c'est du travail qui roule
qui se promène

c'est tough *pis il fait frette dehors, Alma*
laisse-moi prendre garde à ça

Pierrot dans les chemins
moi pris' dans l'*exhaust* de farine
les doigts les mains
les bras collés à la *bowl*
aux grandeurs des rambris

une femme mariée

ej me vire de bord dans notre lit de paille
yeux tout grands rouverts
on dirait qu'ej vois pus de la même manière
comme si une éclipse m'avait percé les yeux
comme si ej voyais pus rinqu'à moitié
le contour du monde
Pierrot est couché à côté de moi
mais chus pus trop sure s'il est vraiment là
chus pus trop sure si c'est la lune ou lui
si c'est même notre lit
s'il se souvient de moi
quand ce qu'il décolle sur ses *trips*

listes

sortir du lit
deux pieds frettes sur la place
plus frette encore
mes yeux encore à moitié fermés
ej me crois dehors
dans la neige
au bois
des grelots de frette
les bêtes chaudes
les matins plus longs et tendres que l'été
mais dans notre logis
pis ej sons point au bois
ej sons dans le mitan
entre la côte et le *track*

la Chine
tu verras, Alma, comment ce qu'on peut se promener
plus loin encore si on se ferme rinque les yeux
pis qu'on se laisse toucher

ej m'embourre dans mon *coat*
quatre mitaines une calotte
deux bottes six pas pour me rendre à la petite grange
trois morceaux de bois pour le vieux Waterloo
Mame
quatre longues jambées pour retrouver
la porte de la cuisine
le nuage de boucane frette
une deuxième calotte
une *match*
pour braquer le feu

la petite Aurore se réveille

neuf mois dans mon ventre
le four était venu trop chaud
sa pâte prenait trop de place

elle sortit de mon ventre
comme si elle avait toujours été là
patiente
guettant qu'ej me décide
qu'il y eût de la place dans le logis

il y avait de la place en masse
Pierrot était parti
parti donner à manger aux oiseaux de *lipstick* rouge
désorientés, affamés dans leurs nids
guettant la fin de la guerre

dans ses plumes du matin
ses petites mains de merle me grimpont
halont ma *skirt* pour une miette de lait

mais j'ai point besoin de voler
pour aller chercher de-quoi à manger

mon corps est fait de lait et de racines

Pierrot se réveille

mon homme a de la misère
il trouve pus son sens de direction dans la clarté du jour
parce que c'est un homme de nuit
ej vois ça astheure qu'ej partageons un lit
que j'avons un nid

à matin
il échappe le lait dans sa misère
ça s'épare partout sur la place de la cuisine comme une *pond*
la petite veut patiner dessus

mon Pierrot se penche pour mieux inspecter l'affaire
comme s'il voyait une géographie
il dit de sa voix d'homme

le lait fond point comme de la neige
Alma, vient voir ça

il est pris par sa découverte
il se dit peut-être que s'il regarde longtemps assez
la *mess* s'en ira
et avec le lait disparaitra sa faute

il peut vivre de même
sans fautes
dans quelques minutes il sera loin de sa *mess*
il verra pus le logis

il y aura rinque moi qui reste
et les bibis

Alma répond

elle laissit le lait couler encore quelques minutes
pis après quelques tours
Aurore avait eu son saoul de patiner
astheure elle avait soif

Alma, pis si j'étions comme la Terre
c'est-ti nous autres qu'ils faisont disparaitre

ses larmes de sel chaudes couliont
se mêliont à sa faim gaspillée sur la place

Mame, j'ai faim

Mame

la pâte haute
la *bowl* craquée
les cris du coquemar menaçant
la grossesse du pain

à la *station*

la *train* sonne le matin, tôt
prend les hommes du voisinage en ligne droite
horizontale
comme la ligne qui sépare le ciel et la Baie

ej veux croire ça qu'ils nous disont
que la ligne continue à aller
s'enveloppe tout le tour d'une Terre ronde

mais astheure mes rêves sont comme la *train*
des rails de fer
pesants

comment ce que les pêcheurs faisont ?

ça me fait comme un frette dans l'échine
de savoir qu'ils avont point peur de tomber
qu'ils avont point peur de la ligne
qu'ils croyont encore à la rondeur de la Terre

ej me souviens d'y croire moi itou

négociations

icitte
c'est point un oiseau blanc qui m'apporte mes petits

la Soutane Noire passe de logis en logis
laisse sur notre table croix et chandelles
la souffrance et la lumière
nous dit que les petits sont le *track*
qui nous mènera droite au paradis
nous dit que les petits nous aidont
à débarrasser nos corps de terre et de mousse
j'écoute son prône en silence
mais tout ce que j'entends c'est ses doigts huilés
ses yeux quand ce que la petite braque à téter
comment ce que le corps de mon Pierrot
vient raide comme un soldat
droite comme un cerf pris devant la mort

oui, Père

on change de couleur dans l'eau bouillante

dans notre neuf logis
j'avons comme perdu notre sens de direction
le compas de nos goules et de nos mains détraqué
ej nous mêlons dans nos corps
pris dans un petit lit de mariés
comme dans une bourne à homards
ej nous aimons en grimpant et en mordant
ej nous aimons comme le désespoir
de point trouver la porte de sortie

Ça faisait rinque trois semaines depuis qu'ils s'avaient installés dans leur neuf logis. C'était un logis modeste. À mi-chemin entre la côte pis le bois. Où ce que les quatre vents se rencontriont.

Ils aviont point choisi l'emplacement. C'était l'emplacement de Joe à Luc. D'accoutume les nouveaux mariés auriont été sur un emplacement proche de leur famille. Mais la famille de quartz aimait point trop la mousse d'Alma. La famille de quartz était comme ça. Ils s'intéressiont rinqu'aux pierres enchâssées.

Ça fait que leur petit logis blanc était manière d'en dehors de la famille. Il était planté droite dans le mitan de l'œil de la tempête.

C'est pour ça que la *bakery* halait tant de monde.

Les musiciens veniont de partout parce que dans le logis d'Alma et Pierrot ils étiont à l'abric des tempêtes du village. Ils étiont à l'abric de la *yard*, des bateaux de fer et de la misère. Ils oubliont une miette les *tracks* dans leur échine.

Pour le temps d'un soir ou d'un matin, les musiciens pouviont entendre les *chords* de leurs harmonies. Ils pouviont s'ajuster juste comme qu'ils vouliont. En mineur, en majeur, ça pouvait sortir de toutes les façons su' Alma et Pierrot.

C'est pour ça qu'Alma faisait beaucoup de pain. Du matin au soir. Elle faisait du pain si tant qu'avec chaque brassée sa peau braquit à changer de couleur une miette. Personne s'en rendit compte. Les autres étiont trop confortables dans leur musique pour vraiment voir ça qui se passait alentour. Mais Alma s'en rendait compte. Elle était pus tout à fait la couleur de terre. Elle avait braqué à pâlir. Après le deuxième bibi, elle était quasiment la couleur de sa pâte. Elle pouvait voir les rivières de ses bras.

C'est Pierrot qui changeait le plusse. Quand ce que ça braquit, Alma se disait que c'était peut-être rinque la lumière. C'était peut-être la fatigue. Qu'elle avait mal aux yeux. Elle voulait croire qu'elle avait mal aux yeux parce que ce qu'elle voyait faisait point de suite.

Les yeux de puits de Pierrot aviont viré bleus. Bleu clair. Son corps était venu gros. Comme s'il s'avait installé en hiver quelque part.

Comme si tout d'un coup il avait peur de la neige.

eau bénite

Joe à Frank et son violon sont les premiers à havrer
William à Mack juste après avec sa musique à babines
sa cordine et Jim à Laurie
la guitare sur l'échine

pis c'est fait
la *bakery* est pus la *bakery*

une soif qui finit pus leur prend dans le ventre
comme s'ils avient bu trop d'eau salée
comme si leur langue pouvait pus le prendre
ils boivont toute l'eau bénite qu'ils pouvont
l'eau bénite de Pierrot
l'eau qu'endort même les plus en vie de la terre

Joe à Frank

du temps ce que Joe braque à naviguer
ej *tend* leş petites pour le lit
mais les petites sont jamais parées à se coucher
quand ce que les hommes havront
à cause que Joe raconte en violon
et leurs petits pieds avont une manière d'écouter
qui se tient point tranquille

Joe s'a promené partout
quand ce qu'il joue il nous emporte itou

dans les pays où ce que les barils sont tout le temps
remplis de rhum
dans les pays où ce que le soleil prend sa place
où ce que les femmes blanchissont point

solo

ej ris de la cuisine
ej me promène sur les *chords* des musiciens
pis ej sais danser
mon corps grouille comme la musique
c'est le seul temps que ça fait de la suite

pis ça me dérange point de travailler
du moment que les autres s'*enjoyont*
ej m'*enjoy* itou
dans la musique chus jamais seule

les travaillantes rentront et sortont
avec des plats pour bailler aux hommes
les hommes mangeont mon bonheur
et huchont mon nom
Alma, ton pâté fait honte à ma mère
pis ils reprenont leurs *tunes*
remplis au got de mes mains et de mon rire
de ma compernure
une femme qui comprend les *trips*
c'est wellement tcheque affaire !

mon Pierrot lui se régale
il avise les hommes de se pencher sur leurs *chords*
comme pour mieux s'approcher de sa femme
il arrive au seuil de la cuisine et se plante deboute là
comme si j'étions au bois arneu

break

pis là
Grace havre

Grace a des ailes

mais les hommes savont point de quelle bête
elle est plus grande que les papillons ou les merles
plus longue qu'un ange
et bien trop en chair pour venir du ciel

non, Grace ressemble à rien

et c'est tout ce que ça prend
pour un homme qui croit qu'il a tout vu

Pierrot me raconte dans la nuit

elle a des histoires à nous raconter
elle est comme nous autres
elle sait qu'il y a plusse dans la vie que travailler
elle est comme nous autres
Alma

on est les seuls
ej sons les seuls
t'es la seule
il y a rinque toi Alma

ça en prend plusse comme Grace
plusse qui voulont voler comme moi pis toi

elle va revenir, Alma
elle va nous montrer des neufs chemins
braille point, Alma
braille point, Alma
tu verras
la douceur des nuages te fera point regretter

finir le premier *set*

et c'est de même que Grace coupit dans la danse
dans le duo qu'avaient jusqu'astheure dansé Alma et Pierrot
elle fut s'installer entre les deux corps mariés
comme un couteau dans du beurre mou
comme pour trouver la lumière

le secret de Grace

Grace porte des chapeaux
elle en a un pour chaque dimanche du mois
le premier dimanche il est blanc
le deuxième violet
tout le temps penché d'un bord une miette
comme s'il savait point vraiment
comment se tenir deboute
Grace a passé sa jeunesse aux États
pis elle sait danser les neuves danses
elle sait comment faire grouiller ses pieds
sans faire grouiller le reste de son corps
comme si elle se promène sur des nuages
Grace grouille point comme une femme du bois

parce que Grace a rinque dansé
sur des places de bois *varnishé*
elle a rinque dansé bien habillée
dans des souliers
un chapeau sur la tête

mais ça que personne sait
ça que personne voit
c'est que Grace peut voler parce qu'elle est vide en dedans
son corps long a point de monde en dedans
qui vient gros chaque printemps

et la *smile* rouge qu'elle se peinture sur les babines
est point assez rouge pour cacher le rouge de son cœur
pour cacher la misère que j'ai vue un soir
que ma petite dansait

pissenlits

Pierrot veut qu'on se débarrasse des pissenlits
pour planter des roses et des tulipes
il dit que des fleurs ça parle
et que des pissenlits tout ce que ça dit
c'est qu'ej sons esclaves

moi ej comprends point comment ce qu'une fleur
une fleur sauvage qui fait ça qu'elle veut
peut être esclave
ça me ressemble que les pauvres tulipes et les roses
sont plus amarrées que les pissenlits

si j'avais le choix moi
ej serais un pissenlit avant d'être une rose
ej pourrais courir partout

mais c'est la quantité
qu'il dit
c'est qu'il y en a partout pis après un élan
on sait pus comment dire la différence l'une de l'autre
celle-là qui nous appartient

c'est ça qui compte itou
la rareté
pour Pierrot ça veut dire de-quoi
quand ce qu'il parle des fleurs

mais moi ej regarde mon ventre monter et gonfler
comme un petit monde chaque année
ça fait dix ans astheure que ça se passe comme ça
saison après saison
un enfant après l'autre

Pierrot sème sa graine
dans la nuit
comme mené par un vent fou
il me grimpe les mollets et me mord l'échine
dans la nuit il oublie ses idées
de roses et de tulipes
de rareté

couch 1

un *couch* c'est une longue chaise
c'est une longue chaise qui peut tenir toute une famille

jusqu'astheure notre famille est composée
de sept enfants
moi
la servante Noemie de Whylah Falls
et Pierrot

les enfants pouviont point guetter pour le *couch*
la petite Aurore arrêtait point de rêver
elle s'imaginait collée sur ses parents
ses frères et sœurs
nos petits corps fatigués par l'épaisseur de la pâte
la faim du village

avant le *couch* on avait rinque des chaises
beaucoup de chaises
des chaises à bercer pour tard le soir
un enfant sur chaque genou

ej nous assisions séparés
mais ej nous parlions à ce temps-là

couch 2

mais le *couch* arrivit le matin
j'avais les mains dans la pâte

et quand ce que les enfants arrivirent de l'école
Pierrot s'avait déjà endormi
aouaindu de tout son long sur le *couch*

il avait pris sa place

mais Pierrot avait fait sûr d'arranger les chaises
autour du *couch* en beau demi-cercle
il voulait faire sûr que tous ses pissenlits
pourriont bien l'entendre raconter
il voulait se faire entendre

les premiers du voisinage

quand ce que la petite boite à images arrivit au logis
la chambre où ce que j'avions coutume
de nous assire pour parler
se remplit de petits et de grands
tout le monde voulait voir
et personne parlait

Pierrot deboute devant le voisinage
le grand maitre de cérémonie
il se prosterne devant la boite à images et pointe au ciel
il sort ses paroles de latin et de portes fermées
nous assure que notre vie va changer
que ça que j'allons voir nous fera tout oublier

Pierrot dit ça avec une grande *smile*
comme s'il va gagner de-quoi avec notre mémoire perdue

deux heures du matin, seule

ok
j'achèterons du *rug*
reviendras-tu *back* ?
c'est peut-être que la place
est trop frette pour tes pieds
du *rug*
comme su' Grace
j'achèterons du *rug*

les petits

mes enfants avont sorti de moi
un après l'autre
entre le pain, la levure
les *tunes* de Joe à Frank
l'arrivée de Grace

quand ce qu'un petit sort de mon ventre
il est rouge pis il tremble
il braille et *slip*
il voulait peut-être rester dans son nid
une miette plus longtemps
petit oiseau sans plumes

la naissance des hommes et des femmes
est point blanche comme qu'ej croyais
elle est point poudreuse et immaculée
elle est chaude et impossible
chaque fois une miette de vie déchirée de ma peau
une miette de moi-même pour couvrir cte petite bête-là
qui huche dans la lumière

il a perdu le gout du pain

n'oncle Adolphe est mort
Mame m'a *callée* hier pour me le dire
il est mort dans la nuit sans misère
sans maladie
il est mort en Amérique
il sera enterré là

Mame me raconte tout ça avec les pleurs au got
et ej peux point faire autre que brailler une miette itou
elle aurait aimé de l'avoir proche
pour mieux l'aimer

ej parle point
j'entends pus vraiment l'histoire de ses mots
rinque leur façon de grouiller
ej sons quelque part dans le bois
un après-midi de printemps
ej sons assis à gratter dans la terre

Adolphe avait quitté
pour faire fortune
Adolphe avait quitté
parce qu'il avait une envie de chapeaux
parce qu'il avait une envie de Chine

sa mort me fesse comme un signe
ej sais que c'est le braquement de de-quoi de neuf

ej vois mon envie de voler
comme si j'étais pus dans mon corps
comme si l'envie était un chapeau
sur la tête d'une autre femme
une femme perdue dans la brume

ma main sur le téléphone
n'oncle Adolphe dans le ciel
sa chaleur sur ma tête
la sève qui monte

gospel

Noemie dit
somethin' in the air done changed, Alma
you awake now

elle dit qu'à Whylah Falls
ils appelont ça *rebirth*
que j'ai été baptisée arneu

oh yes, Alma
you been to the water
ain't nothin' gonna hurt you now

sa voix de *jelly* m'adoucit
ej m'éclate de rire
un rire qui dure et se promène

oh yes, Alma
she's a comin'

she's a comin' alright
comme une *train* qui reprend le *track*
comme un poisson rejeté dans l'eau
comme un chien qui retourne au bois

dans la clarté
ej vois tout ce qui m'entoure
des angles
des blocs
du *rug*
de l'*arborite*
vitres fermées
bois peinturé

tout d'un coup ça me prend
ej veux voir souffler
vivre ces tables et ces chaises
ej veux les voir sans leur *make-up*
ej veux la vraie couleur de peau

ej regarde Noemie et ej grimpe mon couteau
ej commence à gratter pattes
faits de tables
chaises
les morceaux de peinture volont partout
comme des plumes
le soleil me réchauffe les bras
fait la sève couler plus fort
ej chantons
ej huchons comme les corbeaux

she's a comin'
oh yes
she's a comin'

retour

la peau du bois partout autour de moi
j'ai retrouvé mon cri de corbeau
il est une miette plus rauque que d'accoutume
une miette plus cru
mais les femmes le reconnaissont

ej nous avions point raguernées depuis le soir
que le *fudge* avait manqué
la brume avait-ti commencé cte soir-là ?

Bernadette et Joséphine arrivont les premières
pis là Isabelle avec un panier rempli d'eau bénite

cte fois-icitte ej nous raguernons l'après-midi
les enfants à l'école
nos hommes à rôder dans les chemins

et chaque histoire
chaque mort
naissance
rôderie
chaque autre bord et rêve enterrés se réchauffont
exposés de même
dans l'air du temps
se promenont astheure
pouvont pus nous étouffer

sont même une miette précieux

check mate

ils disont que les femmes savont plusse que les hommes
les hommes sont tout le temps surpris par les décisions
et les manières des femmes
mais une femme, dans le fond
c'est point plus compliqué qu'un homme
elle laisse ses traces et ses menaces exposées partout
faut rinque l'homme se décide de les voir

mais les hommes voulont point voir
ils sont contents dans leur noireté
c'est chaud et douillet
ça leur donne à manger

Alma
t'oublieras point de me faire des beans *pour souper*
ça fait toute la nuit que j'en rêve
chus parti faire un tour su' William à Mack

oh ouais, des *beans*
oh ouais, William à Mack
William à Mack avec des jambes américaines
qui porte des chapeaux et flotte quand ce qu'elle marche

spill the beans, Alma !

tu m'avais peut-être pour un allant, mon beau Pierrot
mais ej te vois astheure
ej te vois clair comme l'eau de roche

la *shop* est fermée

il arrive à deux heures du matin
trois heures avant qu'il faut qu'ej me lève
il monte dans le lit
comme un chat-cervier
carnassier
dans un nuage de femme, de traces de *lipstick*
il grimpe dans les couvertes
mes mollets
ses lèvres sur mon échine
il grimpe comme un enfant pour du *candy*
une miette de *candy* avant de s'endormir
il a travaillé fort su' William à Mack

Alma
femme
réveille-toi !

ses mains collées sur mes cuisses astheure à haler
à tirer pour le *candy*
son candy

ej dis rien
point un mot
une porte fermée dit toute

mais ça me fait drôle une miette
pour une petite seconde
comme si trente-cinq petites flèches
me perçont le cœur en même temps
mon souffle coupé une miette
par ça qui se passe

c'est point parce que c'est mon homme
parce qu'ej l'ai marié
c'est point parce que chus surpris par ma décision

non, pour une seconde ça me fait mal
pour toutes ctes années-là
à guetter
à donner du sucre et du *candy*
donner toute ma sève à un homme
qu'avait jamais vraiment été là

ça me coupe le souffle
combien ce que j'avais voulu croire

couch 3

D'où ce qu'il était assis, Pierrot pouvait point comprendre qu'est-ce qu'était le problème. Il était au logis astheure. Il avait arrêté d'aller « travailler » su' William à Mack. Pierrot avait changé. C'était un bon homme. Un homme éduqué. S'il était décidé qu'il allait rester au logis, il allait rester au logis. Quand ce qu'un homme se décide, il se décide.

Ça fait qu'il restit au logis. Il restit au logis le dimanche, le lundi, le mardi, mercredi, jeudi, vendredi, samedi pis le dimanche d'ensuite. Il restit longtemps assez que son corps virit une drôle de teinte de jaune – une boucane de cigarette qui lui collait à la peau.

Après quelques semaines de même, les enfants pouviont quasiment pus le voir. Il avait resté couché longtemps assez sur le *couch* qu'il s'enfonçait. Il coulait de partout. Après la troisième semaine, ils l'appeliont pus Pape, ni même Pierrot. Il l'appeliont colimaçon.

Mais cte colimaçon-icitte avait point perdu l'usage de la parole. Sa bouche grouillait encore à la vitesse de la lumière.

Alma se rendit compte que c'était peut-être la seule affaire qu'il avait vraiment appartient. Sa goule. Ses idées.

Le reste, ses yeux de puits, ses idées de voler, ç'avait rinqu'été des rêves de jeunesse.

Pierrot restit au logis.

Il restit. Mais c'était point la boucane de cigarette qu'allait fondre ses cuisses de glace.

Non, il faudrait qu'il apprenne à marcher astheure.

Qu'il retrouve ses pistes, la senteur du bois.

Qu'il retrouve l'épaisseur de la terre sous ses pieds.

les dernières mesures

mes cuisses dégelont point
ej les garde fermées
comme j'ai jamais gardé de-quoi de fermé de ma vie
il reste au logis
mais un homme qui reste au logis
pour dormir sur le *couch* le jour
et boire la nuit
c'est point un cadeau

la misère d'une femme c'est son cœur de mère
son envie de prendre garde à tout le monde

mais ej peux pus prendre garde à Pierrot
ej peux point lui prendre garde
comme qu'ej prends garde aux enfants le jour
et la nuit y donner du *candy*
du *candy* qu'une femme sauve rinque pour un homme

ej peux pus faire accroire que son corps me tient à flotte

c'est mes bras qui pagayont les petits au quai
à la fin de la journée
c'est sur mon échine qui se grimpont
pour se bailler l'air

fond de bouteille

la veillée s'annonce
Pierrot a trois caisses de petite bière neuve
de l'eau bénite en masse pour bien l'encourager
il a un message important à délivrer aux hommes assemblés

ça fait point de train mais t'apprends à reconnaitre
une certaine mode de silence
un silence qui se met paré
un silence qui guette

moi chus dans la cuisine

Mesdames, Messieurs, Carnassiers et Carnassières
vous êtes icitte de soir pour écouter
de la musique préparée aux Iles
rendue icitte par bot
pour boire de la bière que j'ai préparée de mes mains
des mains d'Acadien, des mains d'un homme de famille
qui se réveille le matin et sue toute la journée pour ses petits

les musiciens et danseurs arrêtont leur tapage
pour mieux écouter l'homme éduqué parler
mais les dernières lignes brassont l'assemblée
une miette drôle

un homme, c'est une bête qui veut point se faire dire quoi faire
c'est une bête libre qui doit prendre le chemin et rouler

ah bien là il fait de la suite
les hommes fessont leurs gobelets
contre la table en reconnaissance
du bon prône de monsieur le curé

mais un homme a aussi besoin d'une bonne femme
parce qu'un homme est tendre itou comme le printemps
il a besoin de se ressourcer pour pouvoir prendre le chemin
sans un bon logis il peut point quitter

c'est ça le plus beau jour d'un homme
quand ce qu'il trouve la femme qui sera là la nuit
avec un bon souper
qui sait comment garder le logis chaud
pour son homme fatigué
manqué de tous ses voyages et découvertes

cte jour-là il croit point aux histoires
de ses grands-pères et de son père
il croit à la bonté de sa femme
comme une roche précieuse
comme une roche précieuse
que rinque lui a eu le droit de trouver

elle est contente de te voir le matin comme le soir
elle sourit au son de sa voix
comme si son corps était tuné à ton corps
elle le violon, l'homme le violoneux

mais

mais voilà qu'un jour t'arrives tard dans la nuit
pis ta femme est point là à te guetter
le logis est même venu une miette frette
tu cours vite te niger contre son corps
pis cte soir-là
ta femme la précieuse est aussi frette que la place

et ses cuisses sont gelées ensemble
ta femme a viré dans un bloc de glace

Pierrot arrête pour prendre une autre gorgée
les hommes tapont pus leurs gobelets contre la table
Pierrot est en train d'aller trop loin astheure
pis ils le savont
les pauvres vironnont dans leurs chaises
ils guettont qu'ej sorte pour l'arrêter

mais ej sors point cte fois-icitte

si Pierrot veut jouer, j'allons jouer
ça qu'il oublie, c'est que c'est moi
qui gagnais tout le temps aux *marbles*
c'est moi qui trouvais l'*ace* de pique

ouais, mes hommes ! mes dignes !
rappelez-vous d'une affaire
une femme est point bâtie pour rôder
pour se promener dans les chemins
pis une bonne femme va comprendre ça
elle va comprendre la misère de l'homme
qu'a besoin de quitter de temps en temps
elle va le laisser aller et le guetter sans questions
elle va trouver son départ beau et digne
elle va l'encourager dans son destin
et retourner à son travail de femme

et mes hommes
quand ce que le jour arrive que le soir
ta femme précieuse a point la générosité dans l'âme

est avare assez qu'elle veut garder
pour elle toute seule son candy
quand ce que ta femme précieuse
veut point se rouvrir les jambes pour son homme
eh bien, mes compatriotes
un homme doit aller trouver son candy *ailleurs*

c'est bien simple
un homme peut point vivre sans candy

chus à la porte de la cuisine
pour entendre la dernière partie de son prône
le marteau de son argument
il fait un beau juge
une belle Soutane Noire
ses yeux bleus miront comme s'ils brailliont
il gobille toute la force de son intelligence
la jette à bas

toutes ctes années-là ensemble
huit enfants

les hommes assemblés autour de lui
violons en main
guitares
ses compatriotes pouvont pus l'encourager
dans son toast

William à Mack se vire de bord et me tient les yeux
comme pour m'encourager de parler
il me demande pour une *tune*
qu'est ce que tu veux entendre
la belle Alma ?

mais ej fais rinque de *smiler*, longi
n'importe quoi
n'importe quoi

ça fait point mal du tout

jouez de-quoi, les *boys*
de-quoi pour le pauvre infortuné
jouez de-quoi de longi qu'il peuve se consoler
se consoler de son *candy* perdu

solo

la pire affaire de prendre une ride
c'est de quitter l'espoir
c'est le noucle dans le cœur que ça fait
en comptant le nombre de chances
et d'années de patience
qui vouliont rinque point larguer

confession 3

il quittit cte même soir-là
le soir du prône
j'étais dans la cuisine en train de débarrasser
et quand ce qu'ej me viris de bord il était pus là
il avait quitté avec la *gang*
et tout ce qu'il me restait
c'était la certitude qu'astheure c'était fini

le silence dans la chambre était neuf
justifié
mon beau Pierrot s'avait décidé devant tout le monde

la nuit m'enveloppit
enterrit mes pleurs
les trente années de deuil
les nuits inquiètes
les *bills* que j'avions point pu payer
les promesses neuves et vieilles
les bibis
les reels à huit et notre longue
longue *waltz*

pis à la fin de la nuit
j'étais vidée à sec

c'est quasiment avec les pieds légers
qu'ej fus qu'ri' Noemie
elle me regardit droite dans les yeux
it's time, Alma
our feet ain't movin' like before

pis c'était vrai

dans chaque pas
dans notre neuve façon de grouiller
il y avait comme une tendresse

ej lavions la cuisine
ej raguernions les petits
comme si ej dansions

une neuve mélodie nous menait dans notre travail
une neuve mélodie qui venait de loin
et d'après en même temps
une mélodie qui sentait la mousse et les roses sauvages

Il y avait de-quoi de différent dans l'air. Il avait pu sortir sans mettre sa *jacket*. C'était peut-être le printemps qu'était arrivé. Mais c'était plusse que le printemps. C'était le printemps et l'été mêlés une miette.

Il se sentait libre pour la première fois depuis des années. Libre et manière de vide. Quand ce que Pierrot arrivit de su' Grace, le ciel était déjà rose une miette. Comme si une coquille s'avait rouvrit pour laisser passer le soleil. Il sortit de sa *car* et commencit sa marche au logis. C'est à ce temps-là qu'il comprit. Entre sa *car* et le logis, il se retrouvit dans le mitan d'un champ de fleurs. Mais point des fleurs des champs. Des fleurs de vitre. Des fleurs de rhum, de vodka, de petite bière, pis là… non !

C'était point possible. Il était point réveillé ! Le soleil dans les petites fleurs y faisait mal aux yeux. Pierrot courit vite à la *car* chercher son *flask,* mais quand ce que l'homme ébaroui se virit de bord, la vision était encore là. Solide. Elle grouillait point.

Son *couch*. Assis sur le pavé, dans le mitan du champ de grogue, son trône était *parké*. Son *couch*. Et une belle grosse *suitcase*. Les portes étiont barrées. Les vitres barrées. Point une craque dans le logis pour le laisser rentrer.

Alma !

Alma était dans la cuisine. Faulait qu'elle raguerne la râpure pour les goules qu'alliont havrer. Il y avait trois sacs de farine à décharger, des petits à *feeder*. Elle se fermit même point les yeux quand ce que Pierrot larguit son cri. Elle était dans sa cuisine. Parmi les corbeaux. Dans l'eau de mousse et la poussière de pissenlits. Elle était grande et solide astheure. Sa peau comme une neuve écorce tendre.

Alma avait retrouvé l'épaisseur de la terre. Elle avait du travail à faire.

TABLE

Achevé d'imprimer
pour le compte des Éditions Perce-Neige
en décembre 2010.

Imprimé au Canada
sur les presses de l'Imprimerie Gauvin, Gatineau, Québec.

L'intérieur de ce livre a été imprimé sur papier contenant
100 % de fibres postconsommation.